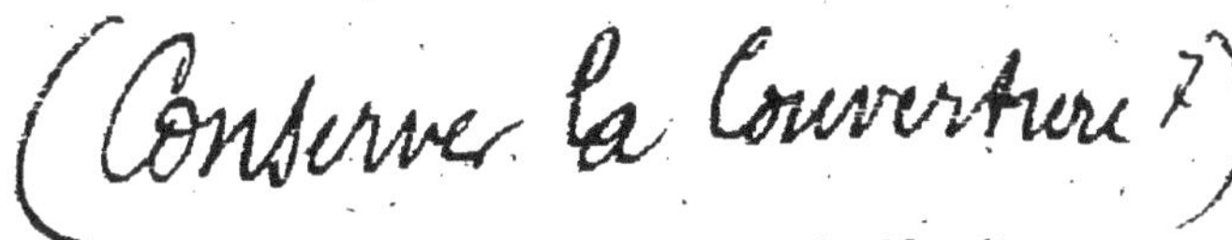

HISTOIRE

DE LA

VIE CIVILE, MILITAIRE & POLITIQUE

DE

MONSIEUR CHEVALIER

Docteur en Médecine,

Ancien Maire de Saint-Michel-de-Double & de Saint-Vincent-de-Connazac,
Membre honoraire de la Société Médicale de la Dordogne,

SUIVIE DU

MOUVEMENT DE L'OPINION THÉOLOGIQUE

DU MOUVEMENT DE L'OPINION MÉDICALE

ET D'UN

ÉCRIT

LU A LA GARDE NATIONALE DE SAINT-VINCENT-DE-CONNAZAC

Prix : 50 c.mes

RIBÉRAC

IMPRIMERIE C. DELECROIX

Rue de la Sous-Préfecture.

1871

A M. C. DELECROIX

Imprimeur-Libraire, à Ribérac.

MONSIEUR,

Monsieur Chevalier, docteur en médecine, a l'honneur de vous adresser une copie de l'opuscule qu'il fit imprimer dans l'année 1847, avec commentaire, pour être communiqué, s'il vous plaît, à M.***, docteur en médecine.

Je me suis opposé, dans cet opuscule, à la doctrine systématique de M. Raspail. J'ai traité des moyens hygiéniques pour la santé des enfants. Je me suis opposé à l'emploi de la dose du sulfate de quinine.

Si on peut, dans la doctrine médicale, donner quelques préceptes philosophiques, il n'en est pas de même dans la doctrine théologique. Je n'ai pas entrepris de traiter ce sujet; mon but est d'exposer que la doctrine d'Aristote est opposée à la doctrine théologique de ceux qui mettent en pratique la théocratie. Mais l'ecclésiastique anonyme n'avait pour but que l'absolutisme, et moi aussi, qui ne me suis pas signé, avais pour but de m'y opposer.

Recevez, je vous prie, l'assurance de ma parfaite considération.

CHEVALIER, D.M.

St-Vincent-de-Connazac, le 7 janvier 1871.

HARANGUE

DE LA VIE

DE

MONSIEUR CHEVALIER

DOCTEUR EN MÉDECINE

A SES CONCITOYENS.

CITOYENS,

J'ai l'honneur de répondre à votre appel ; vous me réclamez

L'HISTOIRE DE MA VIE.

Elle se divise en Trois époques :

CIVILE, MILITAIRE ET POLITIQUE.

Je, Chevalier-Choucherou (Guillaume), suis né le 1er août 1795, à Saint-Vincent-de-Connazac, ancien chef-lieu de canton, aujourd'hui de Neuvic, arrondissement de Ribérac, département de la Dordogne, ai fait mes études préliminaires dans les colléges du Périgord et au lycée de Poitiers. Mon père m'avait racheté, en prenant un homme pour me remplacer au service pour la somme de huit mille trois cents francs, parce que j'avais été porté de la classe de 1814. Le jeune Pommier allant joindre un régiment à Paris m'annonça cette nouvelle, ayant fait le voyage de Saint-Vincent à Ribérac avec eux. Mais la confrontation du registre de naissance de St-Vincent à ceux de Ribérac, je fus ajourné pour la conscription de l'année 1815. Dans l'avenir de mon sort militaire, je demandai d'entrer à l'école militaire de Saint-Cyr qu'on nous avait instruits au lycée qu'on y instruisait l'école du soldat, pour être incorporé dans les régiments au grade d'officier sous-lieutenant. Sur ces entrefaites, la paix fut traitée; le gouvernement donna à cette époque la permission aux élèves de se retirer du service, pourvu qu'ils obtinssent de leurs parents une réclamation.

En quittant l'époque de ma vie militaire, j'entrai dans l'époque de ma vie civile; je pris la détermination d'étudier la médecine. Je fus à l'école de médecine de Montpellier; on exigea qu'on fut reçu bachelier ès-lettres, étude pour laquelle il fallut se préparer dans l'année, qui fut suivie de succès. Je fus reçu après deux ans d'étude dans cette école. Je fus à l'école de médecine de Paris, où je suis resté trois ans. J'ai subi à cette faculté, c'est-à-dire j'ai répondu aux questions de messieurs les professeurs des trois premiers examens; quant aux trois derniers examens, j'ai répondu aux questions de messieurs les professeurs de Montpellier; mais le dernier examen consiste dans le choix d'une thèse. Je pris pour sujet: *Considération philosophique sur l'inflammation*. Après que ces messieurs m'eurent accordé le titre de docteur en médecine, je me suis rendu près de vous. Je vous remercie de m'avoir accueilli avec tant de faveurs auxquelles j'ai répondu par la ferveur que vous avez mis à me seconder dans l'intelligence de ma thérapeutique. Je suis resté trois ans auprès de vous avec cette même harmonie; mais il vient toujours quelque chose déranger cet accord. Mon père, en mariant ses deux filles, ne fut plus homme à avantager son fils. Je fus obligé de faire représenter mes droits qui me revenaient avec préciput de feu ma mère ou tout comme mon aïeule. Je changeai de domicile, je fus habiter la commune de Saint-Michel; j'y contractai mon mariage avec mademoiselle Chaminade-Lavaure. Dans l'année 1830, je fus nommé maire de cette commune. C'est alors que ma vie civile finit pour prendre l'époque politique.

En prenant les intérêts de la commune à cette époque, M. le Préfet avait le pouvoir de nommer maire sans être dans le conseil municipal, mais la loi vint à changer, cette même année. J'entrai dans le conseil municipal de Saint-Michel; je fus réintégré maire, j'examinai de plus près les intérêts de la commune. Il y avait vingt-quatre parcelles de pays qui ne produisaient aucun revenu à la commune, je formai le projet de les affermer; il y en avait une en outre qui se nomme aux Ecluses-de-Puyrasou, qui a douze journaux d'étendue, qui fut affermée à un nommé Nadaud Jean, du village de Puyrasou, la somme de dix francs par an. Le cahier des clauses d'adjudication porte que cette ferme durerait sept ans. Le percepteur, au temps convenu au mois de juillet, demande la cotisation. Ledit Jean dit qu'il était malade, qu'il n'avait pas fait cette ferme. Le percepteur s'enquit de savoir si son fils, âgé de 19 ans, ne pourrait pas l'avoir faite. Dès lors, Nadaud (Jean) père, avec onze propriétaires qui avaient chacun pris un journal, en achetant ensemble le 25 octobre 1820, par acte devant notaire

Dessoudeix, à Saint-Barthélemy, me firent ensemble comparaître devant M. le juge de paix de Mussidan pour les avoir troublés dans leur jouissance, et leur payer la somme de quatre-vingts francs. M. le juge déclara qu'ils étaient en possession. Je déclarai à M. le juge que j'allais donner ma démission de maire; c'est ce que je fis. A peine je suis sorti de l'administration que les habitants de la commune de Saint-Michel-de-Double et M. le curé nous sollicitèrent, Mme Dufayot, née Maynard, et moi, d'être parrain et maraine de la cloche qui devait se refondre et être agrandie. C'est ce que nous n'avons pu refuser et les remercier. Mais les maires qui se sont succédé après moi ont laissé jouir pendant vingt ans. Je fus chez le dernier, nommé Faury; son fils avait servi en qualité de clerc à M. Lami, huissier à Mussidan : « Il faut, leur dis-je, poursuivre; j'ai fait un rapport à Paris, on m'a répondu, et la lettre est déposée dans les archives de la mairie; nous aurons au pétitoire gain de cause. » Ce communal a été livré aux enchères à M. Prysadel, pour la somme de neuf cent soixante-onze francs.

En rentrant dans la commune de St-Vincent j'ai été nommé membre du conseil de fabrique, dont je fus le trésorier.

Le 24 décembre 1864, j'ai donné mes soins à ma très-chère et amie épouse. — J'ai exprimé par une épitaphe mes paroles douloureuses sur sa tombe.

C I - G I T :

Mme CHEVALIER, née CHAMINADE-LAVAURE

décédée le **22** décembre **1868**, à l'âge de **80** ans.

C'est toi qui, aux dépens de tes jours, as procuré
la représentation de la fortune à ta famille
éplorée. — Repose en paix. — Adieu!

Mon père est venu à mourir ; je suis rentré dans la maison paternelle, j'y ai trouvé la même sympathie. Nous avons dans cet espace de temps changé deux fois de gouvernement : la dynastie de Louis-Philippe et celui de la République. C'est dans celle-ci que tous les citoyens sont appelés pour servir d'appui aux institutions nouvelles qui se préparent. Ainsi, dans toutes les communes, il y a des assemblées générales qui s'appellent clubs, on nomme un président. Vous m'avez accordé cette prééminence ; nous nous sommes occupés de quelle forme de gouvernement nous devions adopter, lui porter obéissance et respect si la religion, si elle ne tend pas à l'absolutisme, lui accorder les mêmes faveurs, avoir de l'obéissance et du respect à nos aînés. Nous avons eu M. Marc Dufraisse qui est venu nous présider et communiquer aux autres communes s'ils adoptaient ces principes ; puis il nous exposa qu'il fallait que nous nommassions des représentants à la nation.

C'est à cette même époque 1847 que je fis imprimer un opuscule, qui avait pour sujet : *Mouvement de l'opinion médicale et Mouvement de l'opinion théologique.* L'interprétation ou le commentaire doit vous être donné. M. Raspail prétend expliquer la formation de toutes les maladies internes par le moyen des vers animés ou inanimés dans le tube intestinal. J'ai réfuté ce principe systématique, parce que les faits de médecine clinique prouvent le contraire, et lui ne peut le prouver que par l'effet de son imagination. Par le moyen de l'hygiène, j'ai exposé la conduite que l'on doit tenir lorsque les enfants en nourrice sont transportés ; j'ai exposé les doses du sulfate de quinine qu'on doit employer dans les maladies.

Quant au mouvement de l'opinion théologique, on ne peut pas donner de précepte qui corrobore la doctrine comme dans la doctrine médicale ; un pareil sujet est au-dessus de ma portée ; je ne puis que constater que la doctrine d'Aristote est en opposition à la doctrine théologique, qui a pour pratique la théocratie. Je me suis borné à exposer que l'auteur ecclésiastique anonyme, (c'est la raison pour laquelle je n'ai pas apposé ma signature à mon opuscule,) a voulu et a prétendu maintenir l'absolutisme.

C'est après ce laps de temps que je viens avec vous participer aux élections pendant trois élections quinquennales. J'ai été le premier inscrit par le moyen de vos suffrages ; j'ai lieu de vous en rendre grâces. Il est survenu à la dernière élection une loi qui a été exécutée, qui m'investit du titre de maire.

En voici le contenu :

M. le Sous-Préfet me transmet, que par arrêté de M. le Préfet, je dois entrer en possession de la place de maire de la commune de Saint-Vincent-de-Connazac. Mais, le 30 novembre 1870, M. le Sous-Préfet m'expose que l'administration a résolu de mettre un terme à la situation provisoire créée dans notre commune, par l'arrêté préfectoral qui délègue les premiers conseillers inscrits aux fonctions de maire.

« J'ai l'honneur de vous transmettre cet arrêté de M. le Préfet, en date du 26 novembre, et désigne M. Dumoulin (Jean-Arnaud), comme maire. »

La réponse que j'ai fait à M. le Sous-Préfet, résume le reste du contenu :

« Monsieur le Sous-Préfet,

» J'ai l'honneur de vous exposer que j'ai été enchanté, ravi des éloges que votre urbanité m'a comblé pour le bien que, à mon âge (76 ans), par dévouement et patriotisme, j'ai voulu accepter malgré mes nombreuses occupations les fonctions de la place de maire, dans un temps de révolution où une grande partie des personnes ne veulent pas se soumettre à l'autorité. Cependant, il y a des circonstances où cette autorité faillit à son devoir. Je pense que vous n'auriez pas dû donner une lettre au citoyen Michaud (Victor), lieutenant de la garde nationale, pour être lue à la Garde. J'ai pris ce fait pour un dénigrement. J'ai précédé la lecture de mon manifeste par la lecture de la sienne, lors de l'assemblée des médecins de l'arrondissement. En me retirant de Ribérac, j'entrai dans l'imprimerie du citoyen Delecroix; j'y trouvai M. Delugin, juge d'instruction au tribunal; il me demanda l'explication de ce manifeste, il le trouva si à-propos qu'il jugea qu'il fallait l'imprimer. »

Je termine cette harangue, en vous exprimant le regret que messieurs les Préfet et Sous-Préfet, qui sont docteurs en médecine comme nous, m'aient improvisé.

St-Vincent-de-Connazac, le 20 janvier 1871.

CHEVALIER, d. m.,

ancien maire de Saint-Michel-de-Double et de Saint-Vincent-de-Connazac, membre honoraire de la société médicale de la Dordogne.

MOUVEMENT

DE L'OPINION THÉOLOGIQUE.

Un auteur anonyme, ecclésiastique, a exposé,
dans le Nº 118, de l'année 1847, du journal l'*Echo
de Vésone,* que le principe démocratique qu'avait
manifesté M. C. devait être opposé à ceux du pape
Pie IX, quelque avancé qu'il put être dans ces mêmes principes, a pensé, sans doute, que la doctrine
théologique d'Aristote, et que semble devoir profes-
ser M. C., devait être remplacée par une théocratie
qu'a envisagé cet écrivain, par des sentiments éle-
vés, par des pensées sublimes; c'est au moyen de
tous autres mots analogues et avec l'échafaudage
de phrases redondantes, qu'il croit avoir exprimé
le mouvement de l'opinion. Cette dernière phrase
est prise pour son épigraphe et d'après l'*epitôme,*
nous disons *épitaphe* pour faire allusion au temps
qui est notre maître, qui décide de notre destinée.
Mais, afin d'obvier au silence de M. C., qui attend,
sans doute, que son adversaire soit à découvert,
pour entrer en polémique avec lui, en attendant
que la lice soit entamée entre deux champions qui
éprouveront leur force et leur courage parthénien ;
nous voulons révéler l'erreur du principe logique de
l'écrit de l'auteur anonyme sur ce qui lui est mésar-
rivé à l'insu : car, s'il est de ces prédispositions qui

nous fascinent et dont nous ne pouvons nous dé-
pêtrer, M. C. aurait-il eu cette inclination que lui
a dicté son amour envers la grandeur nationale et
sa sympathie en faveur de sa souffrance? Nous ap-
précions toutefois la dissertation de son toast à l'occasion de l'espérance démocratique de la papauté.
A-t-il pensé et avons-nous lieu de croire que ce
discours fut sujet à la critique? C'est cependant ce
qui est arrivé. Mais n'a-t-il pas, lui aussi, cet ecclésiastique, par cette même prédisposition, été fas-
ciné et empêtré à son tour par des pensées inverses
à celles de M. C.?

En effet, la démocratie, qui reconnaît un Dieu,
dont péremptoirement l'homme ne remonte à lui
que par l'expérience et l'analyse, par où il parvient
au dogme de l'unité, en faisant la synthèse; cette
démocratie, disons-nous, telle que la révolution de
89 nous l'a transmise, n'a pu, dans ses décombres,
épargner bien des victimes innocentes. C'est ce qui
arrive toujours dans de pareilles catastrophes. C'est
le motif qui a fait méconnaître en elle son principe
chrétien. Pourquoi, par un retour d'arrière-pensée,
cet ecclésiastique anonyme voudrait-il faire reconnaître ce qu'il appelle la théocratie? expression
qui, selon le sens qu'il y attache, est synonyme
d'absolutisme.

MOUVEMENT

DE L'OPINION MÉDICALE.

Viennent après, le congrès médical qui fit un appel au corps de ses devoirs et de sa dignité, l'énumération de la malveillance de quelques auteurs qui, loin de contribuer à l'amélioration de la société, la plongent dans les ténèbres de la barbarie par quelques théories pernicieuses ; et c'est en les mettant en pratique qu'ils deviennent homicides. En étudiant le rôle de la théorie qu'ils font subir aux vers, soit comme êtres animés ou inanimés dans le tube intestinal, les faits de médecine clinique démontrent qu'ils sont le plus souvent l'effet que la cause des maladies ; la théorie dès lors de ces scribes leur fait prendre le change, mais ils ont l'adresse de reporter le crime qu'ils commettent sur les personnes diplômées. Laissons pérorer leur imagination ; revenons à l'expérience et voyons ce qu'elle a démontré : On ne peut remplacer l'indication de la saignée, l'indication si sûre et si prompte du sulfate de quinine, celle de certaines affections morbides, d'un danger moins pressant, soit pour guérir, soit seulement pour soulager ; ainsi, se traitent les douleurs cancéreuses avec l'opium, les scrofules avec l'iode, le tænia avec les vermifuges, la chlorose avec le fer ; et l'énuméra-

tion d'une circulaire ou instruction de la commis-
sion administrative de l'hospice civil de Bordeaux ,
que nous reproduisons ici par le paragraphe sui-
vant :

« Recommander à **MM**. les Médecins de ne pas
» multiplier sans nécessité leurs visites, de ména-
» ger l'emploi des remèdes violents, surtout de la
» quinine, est sans doute inutile pour le plus grand
» nombre de ces messieurs. Cependant, cette re-
» commandation pouvant être nécessaire à quel-
» ques-uns d'entre eux dont les comptes ont donné
» lieu à des remarques fâcheuses à ce sujet, l'admi-
» nistration n'a pu se dispenser, à son grand re-
» gret, de la consigner ici. bien certaine qu'elle
» n'aura jamais l'occasion de la reproduire. »

La sagesse, qui compose le personnel de cette
administration, a porté au travail de cette instruction , d'un objet, d'une utilité si générale, une soi-
gneuse attention pour n'y rien omettre ; elle récla-
mait, néanmoins, pour un sujet si vaste et à si
grande méditation, le concours des médecins, pour
faire reconnaître et signaler les lacunes qu'elle
pourrait présenter. Quelqu'un de ceux-ci y a répondu par ses observations ; les modifications qu'il
y a fait subir reposent sur deux bases essentielles :
la loi hygiénique et la loi de la thérapeutique médicale. Le but du médecin , dans les préceptes qu'il
ordonne de suivre concernant l'hygiène, est de pré-
venir une partie de la mortalité et la dépravation
des mœurs. Il fait connaître comment une meneuse
mercenaire qui ne se conforme pas aux instructions
qui lui sont données, délaisse l'enfant qui lui était
soumis à toutes les intempéries des saisons ; puis ,

les gorgeant d'une nourriture pesante et malsaine pour leur constitution et leur état maladif, ces enfants ne reçoivent pas le lait naturel, primitif, apte à évacuer le méconium, arrivent dans les campagnes presque épuisés de la maladie nommée muguet, millet, aphte; puis, cet enfant, confié à la nourrice pour laquelle il était destiné, pourrait relever de maladie, si celle-ci ne le repoussait de son sein, parce qu'elle est imbue de la présomption d'être atteinte d'une maladie contagieuse (syphilis); cet enfant est parti de l'hospice avec un pronostic qui n'a pu que s'aggraver arrivé dans les campagnes.

L'instruction enjoint aux médecins de visiter l'enfant malade et de lui prescrire à l'instant les remèdes convenables. Les causes de la mortalité des enfants malades dépendent de la gravité de la maladie ou des soins qui lui ont été refusés qui sont la faute des nourriciers ou du médecin; elle lui impose l'obligation d'être dévoué à remplir sa pénible mission, des devoirs assujétissants afin d'éviter les accidents et le défaut de soins qui deviendraient fâcheux dans l'état morbide.

L'instruction a reconnu, dans ce cas, l'opportunité des visites faites à l'enfant malade, afin de veiller à l'effet des remèdes produits et à la dose voulue.

Le sulfate de quinine que l'instruction appelle remède violent n'est pas, à la vérité, un remède dit *milon-mitaine*, c'est-à-dire pour lequel on n'a aucune confiance; au contraire, depuis sa découverte la loi thérapeutique médicale a permis de doubler la dose dans les maladies aiguës à accès pernicieux, comme les fièvres algides ou ardentes compliquées ou qui revêtissent cette forme. Quelle conséquence induira-t-on de l'administration du sulfate de quinine qui, pour une indication, aurait été administrée à un sujet dont les suites auraient été fâcheuses? L'ordre des phénomènes qui aurait pu dévoiler ce mystère est inconnu, parce qu'il est souvent inverse à l'ordre d'observations ; il s'agit de s'enquérir de quelles lois la nature a classé ces phénomènes, et quelles sont les substances qui sont propres à la modifier. Cette annotation qu'on vient de faire à l'instruction sert-elle à faire observer l'omission qui paraît être inhérente au service? Sa révélation mettra le médecin à couvert sur l'incurabilité de certaines maladies et sur la gravité de quelques autres, pour lesquelles le sulfate de quinine a été administré, même à dose élevée.

ÉCRIT

QUE

MONSIEUR CHEVALIER

Maire de la commune de St-Vincent-de-Connazac,

A LU A LA GARDE NATIONALE

Au mois de novembre 1870.

CITOYENS,

Je viens avoir l'honneur de vous rapporter les faits de cette semaine. Je vais d'abord vous parler de ce qui me concerne. Une famille, composée du père, de la mère et de trois enfants, est allée loger chez le citoyen Durieux, aubergiste. La mère s'est rendue à la mairie, pour que le maire lui délivre son *vade mecum*, pour qu'il lui signe son brevet scellé du cachet de la mairie, et lui permette de faire battre le tambour, pour exercer sa profession de dentiste.

Dans l'après-midi, le mari est allé à Saint-André et a prié le citoyen Buisson dit Cyprien d'y aller avec lui. Celui-ci a découvert que ce passant se servait de deux noms, qu'il disait ne savoir pas écrire ; cependant, il a constaté que ce fait était faux. Sur ces entrefaites, des soupçons sont venus pour nous faire croire que cet individu pouvait être un espion prussien. Nous avons vérifié son passeport et son brevet : il a été reconnu que c'était son signalement, que son brevet était scellé du cachet des mairies qu'il a traversé. Après lui avoir promis que nous le laisserions libre, est survenu d'autres personnes, en outre le citoyen Michaud (Victor), lieutenant de la garde nationale, qui a exposé que cet individu était coupable, que si on ne le conduisait pas vers M. le Procureur de la République, il me dénoncerait comme ne remplissant pas mes devoirs. Ce fait a été exécuté ; il a fallu faire le transport d'une partie de son mobilier dans une chambre séparée de celle où couche son épouse, il a fallu tirer le loquet de cette chambre, pour y apposer une bande de papier scellée du cachet de la mairie.

Le citoyen Michaud a porté plainte à M. le Sous-Préfet que je n'avais pas voulu lui remettre le loquet de la porte qui renferme la partie du mobilier de cette famille. Cependant, personne n'est venu me le réclamer. Le citoyen Michaud est venu à mon domicile me dire qu'il fallait que je fisse ôter cette bande de papier qui fermait cette chambre où on avait scellé le cachet de la mairie. J'ai écrit à M. le Sous-Préfet que je m'y étais opposé, ce qui est interprété par la signification d'être commandant de place. Il ne peut y avoir, dans une société, ni harmonie, ni sympathie, ni amitié, si on n'y adopte pas un chef.

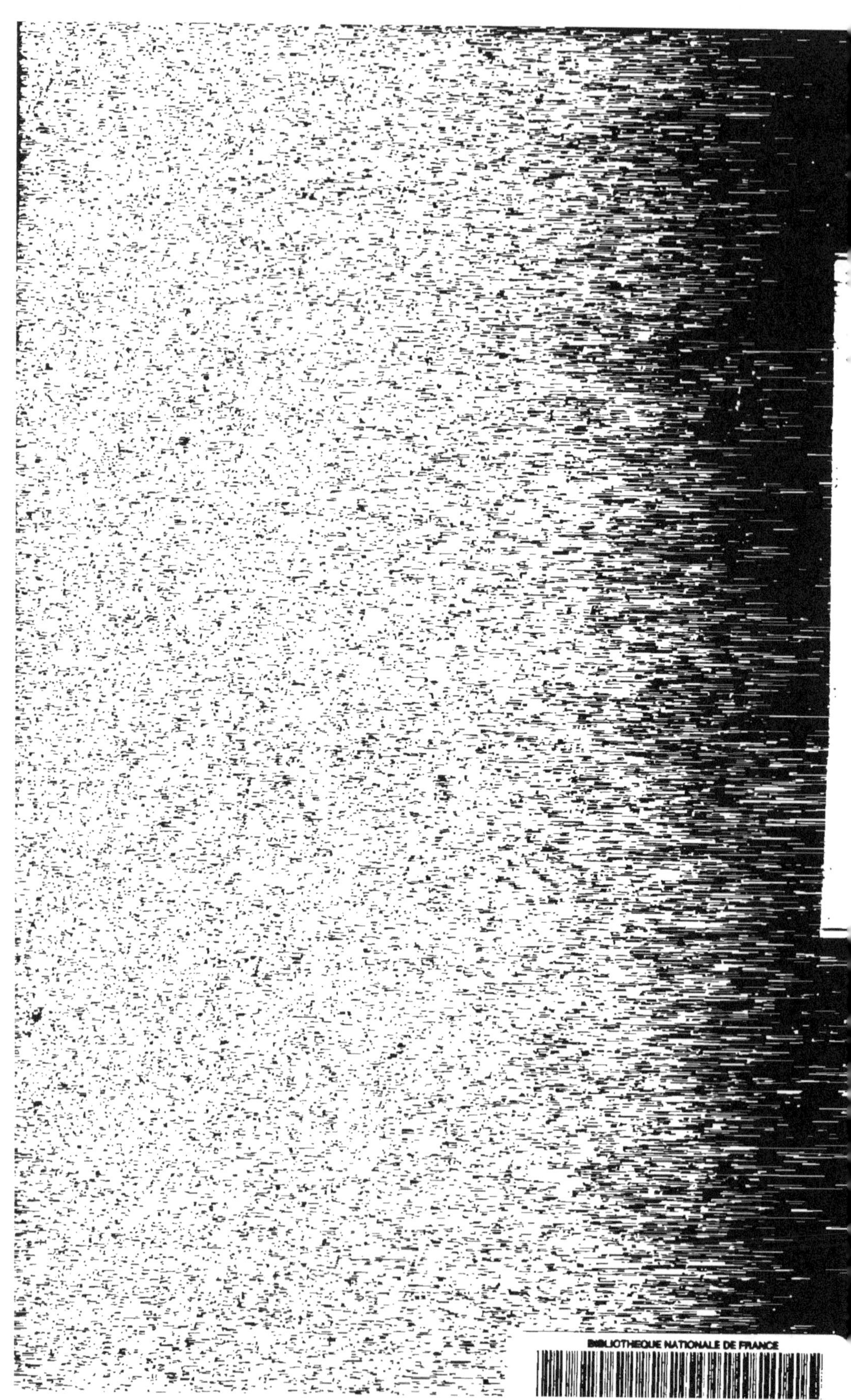

www.ingramcontent.com/pod-product-compliance
Lightning Source LLC
Chambersburg PA
CBHW061806060726
47597CB00007B/3128